Vente du Mardi 9 Juin 1925

HOTEL DROUOT — SALLE N° 10

ESTAMPES

et

DESSINS

Anciens et Modernes

M° HENRI BAUDOIN   M. LOYS DELTEIL

FRAZIER-SOYE, IMPRIMEUR,
168, boul. du Montparnasse
:: :: :: PARIS :: :: ::

CATALOGUE

des

ESTAMPES

et des

DESSINS

ANCIENS & MODERNES

Dont la vente aura lieu

à PARIS, HOTEL DROUOT, Salle N° 10

le Mardi 9 Juin 1925

à 2 heures précises.

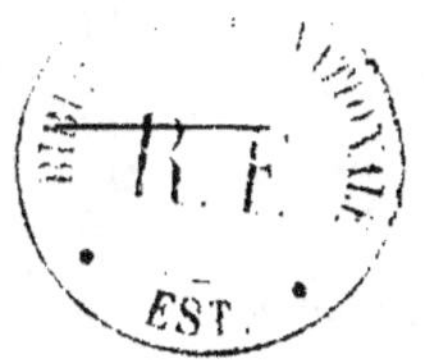

COMMISSAIRE-PRISEUR :

M⁰ HENRI BAUDOIN

10, Rue de la Grange-Batelière

EXPERT :

M. LOYS DELTEIL

2, rue des Beaux-Arts

CONDITIONS DE LA VENTE

Elle sera faite au comptant.

Les adjudicataires paieront *13,50 pour cent* en sus des enchères pour les adjudications jusqu'à 150 francs et *19,50 pour cent* au-dessus de ce chiffre, ainsi que pour les dessins, quel que soit le montant de l'adjudication.

M. Loys Delteil remplira, aux conditions d'usage, les commissions que voudront bien lui confier les Amateurs ne pouvant y assister.

MM. les Amateurs pourront visiter la Collection, *2, rue des Beaux-Arts*, du Mardi 2 au Samedi 6 Juin, *Dimanche excepté*), de 2 heures à 5 heures.

TABLE DES ABRÉVIATIONS

aj.	ajouté.	piq.	piqûres.
alb.	album.	p^ts	pendants *ou* portraits.
aut.	autographe.	pl.	planche.
Bn	Bonne épreuve.	reh^ts	rehauts.
B	Belle épreuve.	rem.	avec remarque.
TB	Très belle épreuve.	rmg.	remmargée.
S	Superbe épreuve.	rst.	restaurée.
av^t l.	avant la lettre.	sang.	sanguine.
imp.enc.	imprimée en couleurs.	*sign.*	signée.
cart.	cartonné.	sm.	sans marge.
col.	coloriée.	tm.	toutes marges.
doubl.	doublée.	R.	rare.
ch.	sur chine.	RR.	très rare.
enc.	encadrée.	RRR.	rarissime.
H.T.	Hors-texte.	t. au v.	texte au verso.
j.	sur japon.		

DÉSIGNATION

1. **ALIX (P.-M.).** — Molière (avec la scène du Tartuffe), d'ap. Garnerey. TB, *imp. en c.*

2. **ALIX — LANGLOIS.** — Rousseau (J.-J.), 2 pl. (1 *imp. en c.* rmg.).

3. **ALTDORFER — ALDEGRAVER — SCHAUFFELEIN, etc.** — Jésus apparaissant à la Madeleine (B. 36) — La Nativité (39) — Lazare et le Mauvais Riche (45-47) — L'Envie (125) — Saint Jean de Capistron... (36), etc., 7 p. Bn. (1 copie).

4. **ASSELIN (M.).** — A Brigneau. TB, j. *sign.* (1/30).

5. Matinée à l'Odéon — Femme nue se coiffant. 2 p. TB, (1 j. *sign.*, *num.*).

6. **BACKHUISEN (L.).** — Marines, 9 p. B.

7. **BALÉCHOU J.-J.) — DAULLÉ (J.).** — De La Popelinière, d'apr. Viger — Cl. de Saint Simon, d'apr. Rigaud, 2 p. B. (cass. ou piq.).

8. **BENAZECH (d'apr.).** — La Liberté du Braconnier, par Ingouf. B (pet. rst.).

9. **BERGHEM — TENIERS — OSTADE (d'apr.).** — Les Heures du jour — Divers animaux — Scènes rustiques et paysages, 33 p., Suyderhœf, Visscher, Basan, etc.

10. **BOL (d'apr. H.).** — Les Mois, 12 pl. par A. Collaert, en 1 alb., petit in-4, cart. (tir. post.).

11. **BONINGTON (R.-P.).** — Façade de l'église de Brou — Château d'Arlay, 2 pl. — Old gate at Stirling: on y a joint 10 pages avec encadr. de C. Nanteuil, soit 14 p. (Bon Taylor).

12. **BONNET — LUCIEN, etc.** — Académies de femmes, têtes d'apr. Boucher, Bouchardon, Lagrenée, etc., 6 p. *imp. en sang*.

13. **BOSSE (A.) — MELLAN (Cl.) — LE CLERC (S.). —** L'Automne — La Foi catholique — Apothéose d'Isis, etc., 4 p. B.

14. **BRACQUEMOND (F.). —** Cladel (Léon) — Edwards (Edw) — Dargenty, 3 p. B, *sign.* (1 retouchée).

15. **BRANGWYN (F.) — BOUDIN (E.) — ISRAELS (J) — ZORN (A.), etc. —** Le Pont Valentré, à Cahors — Haut-fourneau — Marine — Enfants sur la plage — Rosita Mauri, 5 pl. B.

16. **BRESDIN (R.). —** Intérieur flamand — Le Cours d'eau, 2 p. TB (1 j.).

17. **BROUET (A.). —** Prisonniers allemands. **TB,** *sign.* (73/75).

18. **BRY (Th. de) — WIÉRIX (J.). —** Fonds de coupes, 2 p. — Frontispice, 3 pl. B.

19. **CALLOT (J.). —** La Vie de la Vierge (76-89), front. et suite de 13 p. en 1er état (2 lég' rogn.) — L'Annonciation (71), R, soit 15 p. B. On y a joint La Noblesse, 12 p., copies.

20. **CALLOT (J.) — OSTAVE (A. van). —** Sujets divers, 125 p. (orig. et copies).

21. **CAMAIEUX. —** Hérodiade, par Coriolan, d'apr. le Guide — Résurrection de Lazare, par Jackson, d'apr. le Bassan — Sujets divers, 3 pl., par N. le Sueur, soit 5 p. B (la 1re doublée. cass. à 2 p.).

22. **CARESME (d'apr. Ph.). —** Satyres et Bacchantes. B, *imp. en 2 tons* (lég' rogn.). Enc.

23. **CARICATURES. —** Album factice de Caricatures relatives à Napoléon Ier et à Louis XVIII, 50 pl. TB, *coloriées* — 1 abl. in-fol. obl. cart.

24. Caricatures et Scènes de mœurs, par Daumier, Gavarni, Bouchot, Traviès, de Beaumont, etc., 45 pl. (la plup. *col.*).

25. **CARRIÈRE (Eug.). —** Nelly Carrière (18). B, *sign.* (n° 35), (cass.).

26. Les Morts d'amour — Méditation — J. Dolent — A Tolstoï, 4 p. B. (3 ch.).

27. **CÉZANNE (Paul). —** Guillaume assis. 2 TB, tons diff. (1 j.).

28. **CÉZANNE – PISSARRO — SISLEY**. — Guillaumin assis
    — Paysans portant du foin — Faneuses d'Eragny — La
    Charrette, 4 pl. B.

29. **CHAHINE (E)**. — Promeneuses. B. *imp. en c.*, *sign.*
    Enc.

30. **CHARLET (N.-T.)**. — Recueil factice de 127 pl. en 2 alb.
    gr. in-4, cart.

31. **CHARLET — GÉRICAULT — BELLANGÉ**. — Le Grena-
    dier de Waterloo — Infanterie légère montant à l'assaut
    — Marche dans le désert, etc., 6 p. B. (cass. à 1 pl.).

32. **CHÉREAU (F.) — DUCHANGE (G.) — LARMESSIN (N.)**.
    — Pardaillan de Gondrin — N. de Largillière — A. Coypel
    et son fils — G. Coustou, 4 pl., d'apr. Rigaud, Largillière,
    Coypel, de Lien. B.

33. **COLIN (P -E.)**. — Le Grand Marché aux pommes, Paris.
    TB, *im. en camaïeu*, j. *sign.* (1/9).

34. Le Violoniste. TB, *sign.* (19/35).

35. **COROT (J.-B.-C.)**. — Paysage d'Italie (7). TB. 2' état
    (sur 3).

36. **COTTET (Ch.)**. — Les Feux de la Saint-Jean. TB, ch. *sign.*
    (n° 32).

37. La même estampe. TB, ch, avec *rem. sign.* (n° 6).

38. **COTTET (Ch.) — LEMORDANT**. — Scènes bretonnes —
    Maison en construction, 6 p. B.

39. **DAUBIGNY (C.-F.)**. — Paysages — Vignettes, pour le
    Maçon, R. — Pl. pour le Jardin des Plantes, de Curmer,
    15 pl. B. (1 av' l. l.).

40. **DAUCHEZ (A.)**. — Pins sur la route. 1er état et déf., 2 pl.
    TB, *sign.* et *num.*

41. La Croix du chemin. 1er état et déf., 2 pl. TB, *sign.* et *num.*

42. Barques de Lesconil. 1er état et déf., 2 pl. TB, *sign.* et *num.*

43. Thonnier au port. 1er état et déf., 2 pl. TB, *sign.* et *num.*

44. Soir sur la grève. 1er état et déf., 2 pl. TB, *sign.* et *num.*

45. Les Séneurs. 1er état et déf., 2 pl. TB, *sign.* et *num.*

46. **DAUMIER (H.).** — Primo saignare... (260). B, *col.* (pli).

47. L'Annonce et la Réclame (325-326), 2 p. pliées — Mésaventures de M. Gogo (340-344), 5 p., soit 7 p. B.

48. Coquetterie (1192-1201). Suite de 10 pl. B, *col.*

49. Croquis dramatiques (1419-1433). Suite de 15 pl. B, *col.* (sauf 2, cass. à 1 pl.).

50. Croquis pris au Salon (1559-1568), 8 pl. (sur 10). B, *col.*

51. Proverbes et Maximes (2449-2460). Suite de 12 pl. B, *col.* (4 courtes de m.).

52. Silhouettes (2555-2559). Suite de 8 pl. B, *col.* (1 courte de m.).

53. Le Charenton ministériel — La Cour du Roi Pétaud — Mlle Joconde-Cunégonde — Mœurs conjugales, 3 pl. — Proverbes de famille, 2 pl. — Pauvres hommes, soit 9 p. (7 *col.*).

54. Le Charivari, 1er déc. 1832 — 23 février 1833 et 15 déc. 1835 — 15 mar3 1836, 2 vol. — Le Salon de 1839, pl. par Gavarni, Ciceri, etc., et bois d'apr. Daumier, soit 3 vol. in-4, cart. On y a joint un cartonnage plein vélin, plats décorés d'un Robert Macaire et d'un Bertrand.

55. **DELACROIX (Eug.).** — Jane Shore (76). B. ch. (cass.).

56. Cheval effrayé sortant de l'eau (78). TB, sur teinte. Col. Beurdeley.

57. Fronte-Bœuf et le juif (85) — Charles-Quint au Monastère de Saint-Just (92) — Le Jeune Clifford trouvant le corps de son père (99), 1er état, 3 p. B.

58. Jeune tigre jouant avec sa mère (91). TB, 1er état. On y a joint 1 p.

59. **DEMARTEAU (G.).** — Le Repos du chasseur (472), d'apr. Huet. B, *imp. en 2 tons* (piq.). Enc.

60. **DERAIN (A.).** — Tête de bois. B, *sign.*

61. Le Pont dos d'âne. B, *sign.* et *annotée : épreuve unique.*

62. **DEVÉRIA (A.).** — Victor Hugo. TB, ch. (lég. jaunie et piq.).

63. A. de Lamartine. B, ch.

64. **DIVERS**. — Ornements, vignettes, vues, portraits, sujets divers, 1 portefeuille.

65. Paysages, scènes de chasse, sujets divers, 57 p. d'apr. Ruysdaël, Téniers, Poussin, Van Goyen, etc.

66. Sujets religieux, 45 p. par ou d'apr. Le Parmesan, Le Brun, etc.

67. Marines, 15 p. d'apr. Vernet, Téniers, etc., par **Le Bas** et autres.

68. Paysages divers, 34 p. d'apr. Mieris, Terburg, etc., par Basan, Le Bas et autres.

69. Sujets mythologiques, sujets militaires, costumes, etc., 82 p. par ou d'apr. S. Le Clerc, La Belle, Le Prince, Le Moyne, Coypel, etc.

70. Sous ce n° il sera vendu *en 5 ou 6 lots* des estampes anc. et mod., pièces historiques, portraits, vues, etc.

71. Allégories, sujets religieux, animaux, 60 p. par ou d'apr. Poussin, L. Gaultier, Callot, etc.

72. **DUFY (R.)** — **COLIN (P.-E.)**. — Tombeau de Claude Debussy — Paysage, 2 p. TB, *sign.* et *num.*

73. **DUJARDIN (Karel)**. — De Vos (52 *bis*). TB.

74. **DURER (A.)**. — Le Couronnement d'épines (9) — **Vie de la Vierge**, pl. 3 — La Vierge et l'Enfant Jésus (app. 13), etc., 4 p. Bn. (1 rst., 1 par Schauffelein).

75. **EAUX-FORTES ET LITHOGRAPHIES**. — Sujets divers, 50 p. par Ch. et L. Jacque, Willette, Luce, Villon, Armington, Vignon, etc.

76. Sujets divers, 9 pl. par Marlet, Daumier, Gavarni, Desboutin, Lunois, Luce, etc. (1 *imp. en c.*, 3 *sign.*).

77. Sujets divers, 10 p. par Meryon, Falguière, Legros, Fortuny, Helleu, Jeanniot, etc. (3 *sign.*).

78. Sujets divers et paysages, 12 pl. par Bracquemond, Lepère, Leheutre.

79. L'Hiver à Paris — Marché aux Pommes — Le Général Championnet — Mme X, etc., 8 pl. par ou d'apr. Buhot, Legrand, Waltner, Rodin, Rops, Meissonier, Roybet, etc.

80. Sujets divers, 5 p. par Raffaëlli, Beaufrère, Béjot et Beurdeley. B (2 *sign.*).

81. Souvenir de Toscane — La Charette — Le Christ au roseau
— Le Midi, etc., 7 pl. par Corot, Sisley, Delacroix, P.
Huet, P. de Chavannes, etc.

82. La Bouillie — Campagne boisée — Prisonnier ployé... —
Que guerrero! — Le Sergent rapporteur, etc., 9 pl. par
Millet, Corot, Goya, Meissonier, Prudhon, Rops, Buhot.

83. Bébé à table — Le Port — Etudes de nus, reports lith., 6 p.
par Bonnard, Vlaminck et Puvis de Chavannes.

83 *bis.* Vues de Paris, paysages et sujets divers, 15 p. par
Marilhat, Ribot, Bléry, H. Rivière, Chahine, etc.

84. Portraits et sujets divers, 16 p. par Gigoux, A. et T. Jo-
hannot, Devéria, Roqueplan, Delaroche, etc.

85. **ÉCOLES ANCIENNES.** — Sujets divers, 10 p. B. Casti-
glione, C. Dusart, C. Schut, etc.

86. La Vie de la Vierge — Sujets divers, 49 p. par ou d'apr.
Dürer, Rembrandt, Aldegraver, Delaulne, etc.

87. Sujets divers, 8 pl. par Ch. Alberti, G. Reni, G. Ghisi, S.
Rosa et G. Mantouan.

88. Sujets divers, 52 pl. par ou d'apr. Breughel, Téniers, Bre-
biette, Rubens, Van Vliet, etc.

89. Sujets divers, 14 p. par ou d'apr. Dürer et L. de Leyde.

90. Sibylle, d'apr. Raphaël, par H. da Carpi (V-6). Copie —
L'Exécution, camaïeu anonyme, 3 p. Bn.

91. **ÉCOLE FRANÇAISE** xviiiᵉ **siècle.** — Sujets divers, 15 p.
d'apr. Greuze, Boucher, Pierre, Eisen, etc. par Gaillard,
Macret, Basan, Ouvrier et autres.

92. Vénus et les Amours — Bacchantes endormies — Le
Mariage rompu — J.-G. Wille — Sujet nᵒ 233 — L'Ermite
bienfaisant et pᵗ, 7 p. par Gaillard, De Launay, Muller,
Jazet, Demarteau, d'apr. Boucher, Greuze, etc. (2 *col.*,
1 *sang.* 2 tir. post.).

93. **ENSOR (J.).** — Le Botaniste scandinave Frise (L. D. 3).
TB, j.

94. **EVERDINGEN — DUJARDIN.** — Paysages (D. 21, 64, 93)
— Animaux, sujets divers, 11 p. B.

95. **FANTIN-LATOUR (H.).** — Les Brodeuses, 3ᵉ pl. (143). TB,
ch., *sign.*

96. **FORAIN** (J.-L.). — Café de la Nouvelle-Athènes — Ouvreuse et gommeux — La Loge — Le Tremplin — L'Artiste mutilé, 5 p. B.

97. **FRAGONARD** (H.). — Bacchanales (6-7). B (la 1re, s.m., doublée, pet. tache).

98. **GAILLARD — HADEN —RAFFET — WILLETTE**. — Le Crépuscule — Les Daims — Jemmapes — La Ronde des compagnes, etc., 8 pl.

99. **GAVARNI**. — Les Etudians de Paris (614-661), pl. 1 à 45 et 47 et 48, soit 47 pl. (sur 50). B. *col.*

100. Politique des Femmes (949 et suiv.). Suite compl. de 20 pl. en 1 alb. in-4 cart.

101. Un Couplet de Vaudeville (956-970) — Transactions (958-964), 2 séries compl. soit 13 p. (remont.) en 1 alb. in-4 cart. Coll. Beurdeley.

102. Journal des Gens du Monde (1212-1216, 2348-2368), 24 pl. (11 doubl. aj.), soit 35 p. en partie *col.* en 1 alb. in-4 cart. Coll. Beurdeley.

103. **GÉRICAULT** (Th.). — Etudes de chevaux, sujets divers, 18 pl.

104. **GOGH** (Vincent van). — Paysage, fac-simile par Weiss. TB, *imp. en c.*

105. **GOLTZIUS** (H.). — L'Annonciation (D. 15), *avec la 1re adresse* — L'Adoration des bergers (17), 2 p. B.

106. **GROUX** (H. de). — La Vigne abandonnée — La Retraite de Russie — Morituri, 3 pl. B, j. *sign.* et *annotées* (2 du 1er état).

107. **HUET** (Paul). — Six eaux-fortes (D. 6 à 12). Couv. front. en double état, et suite de 6 pl. (4 av^t l.). TB, ch.

108. Paysages, marines, clichés-verre, 11 p. (la plup. ch., 1 double).

109. **IBELS** (H.-G.) — **LÉANDRE** (Ch.). — Scènes de mœurs, 37 pl. *sign.* (défraîchies).

110. **ISABEY** (J.-B.). — Vues, portraits et croquis, 8 pl. (1 par S. Le Gros). B.

111. **ISABEY** (Eug.). — La Croix de Chaudesaignes — Eglise de St-Nectaire — Entrée du village des Bains — Marée basse, etc., 6 p. TB, ch.

112. **JACQUE** (Ch.). — Eaux-fortes 1864-66, 50 p. *av^t l.*, ch. en 1 alb. in-4, demi-mar. vert, coins, tr. dor. (*René Aussourd*).

113. **JORDAENS** (J.). — Jupiter et la chèvre Amalthée (Le Bl. 5) — Cacus dérobant les vaches d'Hercule (9), 2 pl. TB, 1er état.

114. **LEGRAND** (L.) — **VERTÈS**. — La Divine Parole. Bn, *rem., sign.* et *timbr.* (grattages) — Dancings, suite de 12 p. On y a joint 1 fac-simile d'apr. Degas.

115. Le Plié — Au Bar — Mme D..., 3 p. B (2 *sign.* et *num.*).

116. Le Miché des Salons — Brisement assis, 2 pl., soit 3 p. B, j. (1 *sign.*).

117. **LEGROS** (A.). — Le Manège — Le Lutrin — Le Réfectoire — Souvenirs des Funambules — Le Malheur d'Henriette Gérard, etc., 13 p. B.

118 **LE MEILLEUR** (G.). — La Chaumière — Labour en temps de paix — Labour en temps de guerre, 3 p. TB, j., *sign.* (1 avec rem.).

119. **LEU** (Th. de). — Marie de Médicis (451). **TB.**

120. **LITHOGRAPHIES**. — Scènes de mœurs, allégories, croquis, etc., 25 p. par Chassériau, Diaz, Eug. Lami, Daumier, Devéria, Decamps, etc.

---

121. **LIVRES SUR LES BEAUX-ARTS.** — ALEXANDRE (A.). J.-F. Raffaëlli, *Paris, Floury, 1909,* 1 vol. pet. in-4 br. (manque les pl. originales).

122. BOCHER (E.). Catalogue raisonné des estampes, eaux-fortes, pièces en couleurs, etc., de 1700 à 1800 : Chardin — Lancret — A. de Saint-Aubin — Moreau le Jeune. *Paris, Rapilly-Morgand, 1876-82,* 4 vol. in-4 br.

123. BRULLIOT (F.). Dictionnaire des Monogrammes, Marques figurées... avec lesquels les peintres, dessinateurs, graveurs, etc. *Munich, 1832-33,* 3 parties et appendices en 1 vol. pet. in-4 cart. (réparation à 1 titre).

124. DELTEIL (Loys). LE PEINTRE-GRAVEUR ILLUSTRÉ. Tome XII : G. Leheutre, ex. j. (n° 30), br., n. c.

125. Tome XIII. C.-F. Daubigny, ex. j. (n° 30), br., n. c.

126. Tomes XIV-XV : F. Goya, ex. j. (n° 30), br., n. c.

127. Tome XVI : J.-F. Raffaëlli, ex. j. (n° 15), br., n. c.

128. Tome XVII : Pissarro — Sisley — Renoir, ex. j. (n° 22), br., n. c.

129. Tome XVIII : Géricault, ex. j. (n° 22), br., n. c.

130. DUPLESSIS (G.). Histoire de la Gravure... *Paris, Hachette, 1880,* 1 vol. pet. in-4, dem.-chagr. r., coins, dos à nerfs à comp. ornés, t. dor.

131. DUTUIT (Eug.). Manuel de l'Amateur d'estampes, tomes IV et V (Ecoles flamande et hollandaise). *Paris, Lévy, 1881,* 2 vol. in-4 cart. d'éd.

132. L'Œuvre complet de Rembrandt..., par M. Eugène Dutuit... *Paris, Lévy, 1883,* pl. hors-texte et dans le texte (qq. pl. aj.), 2 vol. — Tableaux et dessins de Rembrandt, par M. Eug. Dutuit..., *Paris, Lévy, 1885,* 25 pl. 1 vol., soit 3 vol. in-f. dem.-mar. vert, coins, tête dorée.

133. EPHRUSSI (Ch.). Albert Dürer et ses dessins. *Paris, Quantin, 1882.* — Etude sur le Triptyque d'Albert Dürer. *Paris, Jouaust, 1876,* 2 vol. in-4 br. (le 1ᵉʳ sur japon, couv. tachée).

134. GRAPPE (G.). H. Fragonard, peintre de l'Amour au XVIIIᵉ siècle. *Paris, Piazza, s. d.,* 2 vol. in-4, j., br.

135. JANSEN. Essai sur l'origine de la Gravure sur bois et en taille-douce. *Paris, Schœll, 1808,* 2 vol. in-8 cart. — LETURCQ (J.-F.). Notice sur Jacques Guay. *Paris, Baur, 1873,* 1 vol. pet. in-4, dem.-mar. r., t. dorée. — ROSEN-THAL (L.). La Gravure, *Paris, Laurens, 1909,* 1 vol. gr. in-8 br. Ensemble 4 vol.

136. LEMONNIER (C.). F. Rops. *Floury, 1908,* 1 vol. pet. in-4 br.

137. LUGT (Frits). Les Marques de Collections de dessins et d'estampes. *Amsterdam, 1921,* 1 vol. pet. in-4, cart. d'éd.

138. MARIE (Aristide). Un Imagier romantique : Célestin Nanteuil. *Paris, Carteret, 1910,* 1 vol. gr. in-8 br.

139. OTTLEY (W.-Y.). An Inquiry into the origin and early History of Engraving... *London, 1816,* 2 vol. in-4 cart.

139 *bis.* PONCETTON (F.). Essai d'un catalogue des eaux-fortes de B. Naudin. *Paris, Helleu, 1918,* 1 vol. in-8 cart. (1 eau-forte H. T.).

140. L'Image. *Floury, 1896-97*, 1 vol. in-4, dem.-rel. coins, tr. dorée (bois de Lepère, Beltrand, Florian, etc.). — Revue de l'Exposition Universelle de 1889, suite compl. de 24 liv. sous couv. (illustrations par et d'apr. Lepère, Raffaëlli, Binet, etc.).

141. **LOUIS XVI ET LA RÉVOLUTION** (Estampes relatives à). — Portraits, scènes historiques, etc., 41 p. (1 *imp. en c.*).

142. **MADOU** (J.). — L'Arrivée — Le Parc — Sujets divers, 11 p. (3 sm.).

143. **MORIN** (Par et d'apr. Ed.). — Les Mois gastronomiques, 8 pl., ch , par Bellenger, Froment, etc. On y a joint 1 dessin original de Ed. Morin (coll. Barrion).

144. **MATISSE** (d'apr. H.). — Mélodie, par J. Villon. TB, *imp. en c., sign.* et *num.*

145. **MERYON** (Ch.). — Meryon, par Bracquemand — Portraits, rébus, etc , 14 p. B.

146. L'Ancien Louvre — Le grand Châtelet — Tourelle rue de l'Ecole-de-Médecine — Ministère de la Marine — Rue des Toiles, etc., 7 p. B.

147. **MOREAU LE JEUNE** (par et d'apr.). — Vignettes pour les Œuvres de Rousseau, etc., 18 p. par De Launay, Le Mire, Duclos, Choffard, etc. TB.

148. Tombeau de J.-J. Rousseau, 1778. B, *avec* la femme age-nouillée.

149. **NAUDIN** (B.). — Sujets divers, 9 p. B (1 double).

150. Croquis de campagne (1914-1915), 1ʳᵉ et 2ᵉ séries. Paris, Helleu, 1915-1916. Séries compl. de 17 et 32 p. en 2 cart. de publ.

151. **PETERS** (d'apr. M.). — The Gamesters, par W. Ward. B.

152. **PICASSO** (d'apr. P.). — Saltimbanques, par J. Villon. TB, *imp. en c., sign.* et *num.*

153. **PORTRAITS.** — La Mothe Le Vayer — P. Corneille — A.-F. Prévost, etc., 6 p. par Ficquet, Schmidt et Gaucher. B (1 double, 1 rmg.).

154. Henri IV, par Th. de Leu — M.-C. de Croijo, par Waumans, d'apr. Van Dyck — M.-Z. Boxhorn, par Suyerdhoef, d'apr. Dubordieu — Dᵐᵉ de Longueville, par Regnesson — H. Chesneau, 5 p. B.

155. **PRUDHON** (par et d'apr.). — Une famille malheureuse (9),
2ᵉ état — Naufrage de Virginie — Le Désir, etc., 4 p. par
Prudhon, Roger, Copia, Sirouy. B.

156. Vignettes pour la Nouvelle Héloïse, front. d'apr. De
Gault et 5 pl. — Front. pour Aminte, Abrocome et
Anzia, etc., 10 p. par Copia et B. Roger (1 double).

157. **RAFFET (A.).** — Retraite de Constantine, couv., front. et
suite de 6 p., ch. (2 doubl., *col.*) — Prise de Constantine,
front. et suite de 12 p., ch. (2 doubl. *col.*), soit 24 p. B.

158. La dernière charrette — Mon Empereur, c'est la plus cuite
— Titres des Albums 1828, 1836 — Voyage dans la Russie
méridionale, 23 p. B.

159. **RAIMONDI (M.-A.) — RAVENNE (M. de) — MAITRE
AU DÉ.** — Triomphe d'un Empereur romain (213) —
Vénus et l'Amour sur des dauphins (324) — Enée sauvant
Anchise, 3 pl. B (2 lég. rogn., 1 copie).

160. **RECUEILS.** — Recueil factice de 110 pl. par ou d'apr.
Français, Decamps, Marvy, etc.

161. L'Art dans les Deux Mondes, un lot de nᵒˢ en nombre,
1890-91.

162. **REMBRANDT VAN RIJN.** — Petite Circoncision (48).
B. Coll. Le Secq.

163. Jésus chassant les vendeurs du Temple (69). TB, 1ᵉʳ état.

164. Les grands Disciples d'Emmaüs (87). **B.**

165. La Fortune contraire (111). TB, tirée hors-texte. Coll. Le
Secq.

166. Les Musiciens ambulants (119), 2 épreuves.

167. Homme méditant (148). B. Coll. Le Secq.

168. Grand Gueux debout (162). TB (tr. lég. épid.).

169. Gueux debout (163). B. R.

170. Linden (J.-A. van der) (264). TB. Coll. H. Weber.

171. Buste de Femme âgée (358). B. Coll. Le Secq.

172. **RODIN (A.).** — Hugo de face. B, s.-v.

173. V. Hugo de face et de trois quarts — Ames du purga-
toire, 3 p. B.

174. **ROPS (F.).** — La Quotidienne (35). TB, *sign*. Coll. Barrion.

175. Près du feu (36) — La Chasse au lièvre (71) — Planche de croquis, 4 pl (tirées sur 3 feuilles). B.

176. Oude-Kate (60), petite pl. TB, *sign*. Coll. Barrion.

177. W. Lesly (72) — Frontispice pour Musset (425) — Cabinet satanique (352), 3 pl. B.

178. Frontispice des Œuvres inutiles et nuisibles (145) TB, j., *sign*. Coll. Barrion.

179. Les Bateaux (pédagogiques) (202), 2 B (1 du 1ᵉʳ état, RRR). Coll. Barrion.

180. La Crémaillère (295) — Menu politique (285), 2 pl. TB, *sign*.

181. Cabinet satyrique (352) — Plage de Blankenbergh — Chez les Passants — Le Grand et le Petit Trottoir, 4 pl. TB.

182. Uylenspiegel et le chien blessé (360). TB, ch. 1ᵉʳ état, *sign*.

183. Frontispices : Amours et priapées — Les 4 métamorphoses — Les Aphrodites — Dictionnaire érotique — La Vrille, etc., 13 p. B, ch. ou j.

184. **ROPS** (d'ap.). — Le Scandale, par Bertrand. 2 TB, avec rem. (1 *imp. en c.*).

185. **ROSALBA CARRIERA** et **LOUTHERBOURG** (d'apr.). — Rosalba — Zara, 2 pᵉ par Sainctelette. B, *imp. en c.*, s.-v. On y a joint 1 p., par Schenker et 1 cuivre, enc.

186. **ROWLANDSON** (Th.). — A Barber's Shop — A Kick-up at a Hazard Table! — The Triumph of sentiment, etc., 5 p. de diff. tir. (2 *col*).

187. **RUBENS — VAN DYCK**, etc. — Sujets religieux et divers — Portraits, 77 p , par S. Bolswert, Pesne, Tardieu, Pontius, Vosterman, etc.

188. **RUISDAEL (S.).** — Le Petit Pont (1). B.

189. **TISSOT (J.).** — Le Banc de jardin, av* l. — Convalescente — La Sœur aînée — Bouderie, 4 p. TB, (2 *sign.*).

190. Louise — Berthe (65) — René Mauperin, 8 pl. (sur 10), soit 10 pl. TB, la plup. *sign*. Coll. Barrion.

191. **VERNET (C. et H.).** — Sujets équestres et divers, 11 p. (1 double).

192. **VICO** (E.). — L'Empereur Charles-Quint (255), épr. manq. de conserv. R.

193. **VILLON** (Jacques). — Mélodie, d'apr. H. Matisse. TB, *imp. en c.*, *sign.* (n° 162).

194. Les Saltimbanques, d'apr. Picasso. TB, *imp. en c.*, *sign.* (n° 170).

195. Paysage, d'apr. Cézanne. TB, *imp. en c.*, *sign.* (n° 124).

196. Chasse au tigre, d'apr. H. Rousseau. TB, *imp. en c.* (n° 26).

197. **WATTEAU** (d'apr. Ant.). — Figures de différents caractères, 7 p. par Boucher, Audran, etc. B (2 courtes de m.).

198. **VAILLANT** (W.). — Netscher (G.), d'apr. lui-même. TB. Coll. Scheikévitch.

DESSINS

199. **BRASCASSAT.** — Etude de bœuf couché. Sanguine et craie, déd. de H. Krafft à Ph. Burty.

200. **CLERGET** (Hubert). — Square de la place du Trône. Aquarelle et gouache, *sign.* et *lég.*

201. **DESSINS CHINOIS.** — Scènes diverses, oiseaux, 6 dessins à l'encre de Chine. Enc.

202. **ÉCOLE FRANÇAISE** (milieu du XIX° siècle). — Portrait de Frédéric Soulié. Pastel. Enc.

203. **GRASSET** (Eug.). — Projet pour une illustration. Plume et aquarelle, *sign.*

204. **HUET** (J.-B.). — Combat de lions. Plume et aquarelle, *sign.* et *daté* : 1778. On y a joint 2 contre-épr. de sanguines, dont 1 reh. post.

205. **JACOB** (Max). — Scène de théâtre. Gouache, *sign.* : 1922.

206. **LEPÈRE** (A.). — S¹-Jean-de-Mont : le village. Plume et lavis de sépia, *sign.* Enc.

207. S¹-Jean-de-Mont : les champs. Plume et lavis de sépia, *sign.* Enc.

208. Avenue de la République. Crayon noir *reh.*, *sign.* Enc.

209. **MERCEY (F. de).** — Marines et paysages, 7 dessins à la sépia.

210. **PRÊTRE (J.).** — Animaux divers, 110 aquarelles, *sign.* pour une Histoire naturelle de Buffon.

211. **STEINLEN (Th.-A.).** — *Démolir les fortifs, alors quoi?* Plume et crayon bleu, *sign.* par l'artiste et Bruant. Enc.

212. Les petits Chiffonniers. Plume et crayon bleu, *sign.*, avec vers autographes de Bruant. Enc.

213. **VAN DONGEN — HERMANN-PAUL.** — *Vive le Roi!* — L'Etreinte, 2 dessins crayon noir, encre de Chine, reh^{ts} de coul., *sign.* Enc.

214. **WAROQUIER (H. de).** — La Côte d'Arradon, Morbihan — Marine, 2 croquis encre de Chine, *sign.* : 1908.

215. **WILLETTE (A.).** — Abus d'autorité. Plume sur papier Gillot, *sign.*, s.-v.

216. **DIVERS.** — Sujets divers, 9 dessins anc. et mod. (aquarelles, sang., etc.). On y a joint L'Orage, par Moitte, d'apr. Lallemand, soit 10 p. Enc.

217. Sous ce n° il sera vendu 52 dessins anc. et mod., par ou attr. à F. Blondel, Perelle, Natoire, Rafford, de Curzon, etc.

218. Les estampes et dessins omis au catalogue.

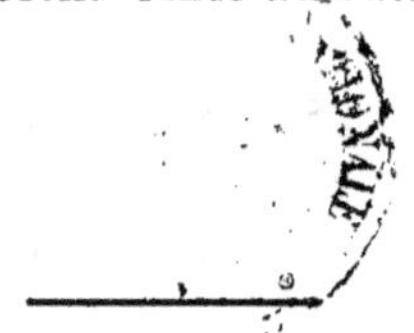

Imp. Frazier-Soye — Paris